Wilhelm Busch

Stippstörchen für Äuglein und Öhrchen

Wilhelm Busch

Stippstörchen für Äuglein und Öhrchen

ISBN/EAN: 9783744682565

Hergestellt in Europa, USA, Kanada, Australien, Japan

Cover: Foto ©ninafisch / pixelio.de

Weitere Bücher finden Sie auf **www.hansebooks.com**

Stippstörchen

für

Aeuglein und Oehrchen

von

Wilhelm Busch.

———

München.

Verlag von Fr. Bassermann.

Rothkehlchen auf dem Zweige hupft,
  wipp wipp!
hat sich ein Beerlein abgezupft,
  knipp knipp!
läßt sich zum klaren Bach hernieder,
tunkt 's Schnäblein ein und hebt es wieder,
  stipp stipp nipp nipp!
und schwingt sich wieder in den Flieder.

    Es singt und piepst
    ganz allerliebst,
  zipp zipp zipp zipp trili
  sich seine Abendmelodie,
steckt's Köpfchen dann in's Federkleid
und schlummert bis zur Morgenzeit.

Das Häschen.

Das Häschen saß im Kohl
und fraß und war ihm wohl.

Nicht weit auf einem Rasen
geht ganz gemüthlich grasen
ein Lämmlein weiß und schön.

Da ist der böse Wolf
gekommen
und hat das Lämmlein
mitgenommen;

Das Häslein hats gesehn.

Das Häschen sprang und lief
zum Bauer hin und rief:
„Oh weh o weh!
Heh, Bauer, heh!

„Grad ist der böse
Wolf gekommen
und hat dein Lämmlein
mitgenommen!"

Da nahm der Bauer Rüppel
den dicken harten Knüppel,
sprach: Danke, lieber Hase

und schlug ihn
auf die Nase.

Dann spricht er mit
Gekicher:

„Mein
Kohl ist sicher!"

Und wer noch fragt,
was dies besagt,
Ist offenbar
so klug als wie das
Häschen war.

Das brave Lenchen.

Auf einem Schloſſe fern im Holz

wohnt eine Frau gar reich
und ſtolz.

In einem Hüttchen arm und klein

wohnt Lenchen und ihr
Mütterlein.

Das Mütterlein iſt ſchwach und
krank

und ohne Geld und Speis
und Trank.

Da denkt das Lenchen: „Ach, ich lauf
um Hülfe nach dem Schloß hinauf!"

Es nimmt sich nichts wie einen Schnitt
vom allerletzten Brode mit.
Und wie es kommt bis an den Steg,
sitzt da ein armer Hund am Weg.
„Ach — ruft der Hund — mein Herr ist todt;
hätt ich doch nur ein Stück'chen Brod!"

„Hier! — spricht das Lenchen — hast du was!"
zieht 's Brod hervor und giebt ihm das.
Und wie es weiter fort gerannt,

liegt da ein Fisch auf trocknem Sand.
„Ach! — ruft der Fisch und zappelt sehr —
Wenn ich doch nur im Wasser wär!"

Gleich bückt das Lenchen sich danach

und trägt ihn wieder in den Bach.

Dann ist es weiter fort gerannt,
bis es die Frau im Schlosse fand. —

„Ach, liebe Frau, erbarmt euch mein,
ich hab ein krankes Mütterlein!"

„Fort! — ſchreit die Frau — Nichts giebt es hier!"
und jagt das Lenchen vor die Thür.
Das Lenchen ſieht vor Thränen kaum
und ſetzt ſich ſtumm an einen Baum.

Und horch, im hohlen Baum
                              erklingt
ein feines Stimmlein, welches
                              ſingt:
„Mach auf, mach auf, ich bitt
                              gar ſchön,
möcht gern die liebe Sonne ſehn!"

Im Baum da iſt ein Löchlein rund,
iſt zugeſteckt mit einem Spund.

Den zieht das Lenchen aus und spricht:

"So komm an's Licht, du armer
Wicht!"

Sieh da, und eine Schlange
schmiegt

sich aus dem Baum hervor und
kriecht

und schlingt und schlängelt mit
Gezisch

sich in das dichte Waldgebüsch,

und raschelt da herum und kam
und bracht ein Blümlein wundersam.

O Krankentrost, du Blümlein roth,

Herztulipan, hilf aus der Noth!

Das Lenchen nimmt das Blümlein an

und eilt nach Haus so schnell es kann.
Und wie es kommt bis über'n Steg,
tritt ihm ein Räuber in den Weg.

Dem armen Lenchen stockt das Blut,
läßt 's Blümlein fallen in die Fluth.

Da kommt der Hund und jagt zum Glück
den Räuber in den Wald zurück.

Und unser Fisch ist auch nicht faul;
Er trägt die Blume in dem Maul.

Jetzt läuft das Lenchen schnell hinein
zum lieben kranken Mütterlein,
legt 's Blümlein ihr auf Herz und Mund,
macht 's Mütterlein sogleich gesund;
heilt auch, noch sonst viel kranke Leut
und ist aus aller Noth befreit.

Der Räuber aber hat bei Nacht
die Frau im Schlosse todtgemacht.

Der Sack und die Mäuse.

Ein dicker Sack voll Waizen stand
auf einem Speicher an der
Wand. —
Da kam das schlaue Volk der
Mäuse
und pfiff ihn an in dieser Weise:

„Oh, du da in der Ecke,
großmächtigster der Säcke!
Du bist ja der Gescheidtste,
der Dickste und der Breitste!
Respekt und Reverenz
vor Eurer Excellenz!"

Mit innigem Behagen hört
der Sack, daß man ihn so verehrt.

Ein Mäuslein hat ihm
unterdeſſen
ganz unbemerkt ein Loch
gefreſſen.

Es rinnt das Korn in leiſem
Lauf.
Die Mäuſe knuſpern's emſig auf.

Schon wird er faltig
krumm und matt.
Die Mäuse werden
fett und glatt.

Zuletzt, man kennt
    ihn kaum noch mehr,
Ist er kaput und
    hohl und leer.

Jetzt ziehn sie ihn von seinem Thron;

Ein jedes Mäuslein spricht
ihm Hohn;

Und Jedes wie es geht
so spricht's:
„Empfehle mich, Herr Habenichts!"

Die beiden Schwestern.

Es waren mal zwei Schwestern,
ich weiß es noch wie gestern.
Die eine namens Adelheid
war faul und voller Eitelkeit.
Die andre die hieß Kätchen
und war ein gutes Mädchen,
Sie quält sich ab von früh bis spät,
wenn Adelheid spazieren geht.
Die Adelheid trank rothen Wein,
dem Kätchen schenkt sie Wasser ein.

Einst war dem Kätchen anbefohlen,
im Walde dürres Holz zu holen.

Da saß an einem Wasser
ein Frosch ein grüner, nasser;
der quackte ganz unsäglich
gottsjämmerlich und kläglich:
    „Erbarme dich, erbarme dich,
    Ach, küsse und umarme mich!"

Das Kätchen denkt:

„Ich will's nur thun,

Sonst kann der arme

Frosch nicht ruhn!"

Der erste Kuß schmeckt

recht abscheulich.

Der gräßiggrüne Frosch

wird bläulich.

Der zweite schmeckt schon

etwas besser;

der Frosch wird bunt und

immer größer.

Beim dritten giebt es ein
Getöse,

als ob man die Kanonen
löse.

Ein hohes Schloß steigt
aus dem Moor,

ein schöner Prinz steht
vor dem Thor.

Er spricht: „Lieb Kätchen,
du allein,
sollst meine Herzprinzessin
sein!"

Nun ist das Kätchen hoch-
beglückt,

kriegt Kleider schön mit
Gold gestickt

und trinkt mit ihrem
Prinz Gemahl

aus einem goldenen
Pokal.

Indessen ist die Adelheid
in ihrem neusten Sonntagskleid
herum spaziert an einem Weiher,
da saß ein Knabe mit der Leier.
Die Leier klang, der Knabe sang:
„Ich liebe dich, bin treu gesinnt,
komm küsse mich, du hübsches
Kind!"

Kaum küßt sie ihn,
so wird er grün,
so wird er struppig,
eiskalt und schuppig.

Und ist, o Schreck!
der alte kalte
Wasserneck.

„Ha! — lacht er — diese
hätten wir!!"

Und fährt bis auf den Grund
mit ihr.

Da sitzt sie nun bei Wasserratzen,
muß Wassernickels Glatze kratzen,
trägt einen Rock von rauhen Binsen,
kriegt jeden Mittag Wasserlinsen;
und wenn sie etwa trinken muß,
ist Wasser da in Ueberfluß.

Hänschen Däumeling.

Es lebt ein Schneider leicht
und dünn
mit seiner Frau gemüthlich hin.

Sie hatten auch ein Söhn-
lein schon,
sehr klein und zierlich von
Person.

Er war nicht dicker wie die
Pflaumen
Und grad so lang als wie
mein Daumen.

Drum, weil er so ein kleines Ding,
nennt man ihn Hänschen Däumeling.

Sein Muth jedoch ist ohne Tadel,
sein Degen spitz wie eine Nadel;
damit hat er an einer Wand
drei Fliegen durch und durch gerannt.

Drauf legt er sich im grünen Grase,
um auszuruhn, auf Bauch und Nase.

Ein Rabe, der spazieren geht,
hat ihn mit einem Aug' erspäht.

Er denkt: „Was ist das für ein Käfer?"

Und rupft und zupft den kleinen Schläfer.

Der dreht sich um und will den Frechen
in seine dürren Waden
stechen.

„Kraha! — lacht dieser — Wär nit übel!
Gottlob! ich habe dicke Stiebel!"

Grapps! — packt er ihn,

fliegt in die Höh

und weit, weit über einen See.

Die Eltern aber fragen bange:

Wo bleibt denn Hänschen nur so lange?

Sie suchen ihn in allen

Taschen

in Stiefeln, Hauben, Büchsen,

Flaschen.

Sie rufen Herzchen! rufen

Liebchen!

allein es kommt und kommt

kein Bübchen.

Der Rabe mit dem Hänschen flog
auf einen Baum, erschrecklich hoch.
Hier wünscht er ihm recht guten Morgen
und läßt ihn für sich selber sorgen.

Uhu! im Aftloch mit Geheule
hockt eine alte Schleiereule.

Und über ihm die dicke Spinne

hat auch nichts Guts mit ihm im

Sinne.

Schon sträubt die Eule sich und droht

das Hänschen sticht die Spinne todt.

Schnell läßt er sich an ihrem
Faden

vom Baum herunter ohne
Schaden.

Juchheh! hier unten in dem
Moos

gehts lustig her und ist was los.

Drei muntre Käfer trinken
Meth

von allerbester Qualität.

Da heißt es: Prost! und: Was wir
lieben!
Das Hänschen trinkt so viel wie
Sieben.

Der Kopf wird schwer, die Beine
knicken,

Bums! liegt das Hänschen auf dem
Rücken.

Das giebt 'n Spaß! Die Käfer laufen
mit ihm zu einem Ameishaufen.

So was macht munter. O wie schnelle
verläßt er diese Wimmelstelle.

Er läuft und schlupft mit großer
Freude

in ein sehr enges
Wohngebäude.

„Nun ja! — denkt sich der
Jägersmann —
jetzt zieh ich meine Handschuh
an!"

Auweh! — was war das für
ein Stich?!
Der Jägersmann schreit
jämmerlich.

Dem Hänschen wird's bedenklich doch;
Er möchte in ein Mäuseloch.
Ein Dieb, ein Dieb! — so schreit die Maus,
und zieht ihn hinterwärts heraus.
Und plötzlich geht's! Kraha Kraha!!
Der böse Rab ist wieder da.

Er faßt die Maus bei ihrem Schwänzchen
und flattert weg mit Maus und Hänschen.

„Die — ruft der Jäger —
muß ich haben!"

Bauz! — richtig trifft er
Maus und Raben.

Und Rabe, Maus und Hänselein
plumbumsen in den See hinein.

Sofort erscheint die kleine Sylphe
Zephire, Königin im Schilfe,
reicht ihm die Hand und lispelt
fein:
"Sprich, Prinz, willst Du mein
Liebster sein?"
"Schön Dank! — spricht er —
o, Königin!
Ich muß zu meinen Eltern hin!"
"So geh ich mit Dir! — haucht
Zephire —
Mein Schifflein wartet vor der
Thüre!"

Und wie sie so dahin gefahren

und mitten auf dem Wasser waren,

da kommt ein dicker Hecht, und:

schwapp!

Schluckt er sie in den Bauch

hinab.

Ein Fischer, welcher grade fischt,
hat aber gleich den Hecht erwischt.

Er überbringt ihn Hänschens Mutter,
die denkt: den braten wir in Butter!

Ratsch! wird der Bauch ihm
aufgeschnitten,
und sieh! wer kommt heraus
geschritten?
Ei! unser Hänschen, und
galant
führt er Zephiren an der
Hand.

Das wurde mal ein hübsches
Paar!
sie lebten fröhlich manches Jahr.
Und Hänschen ward ein Damen=
schneider
und machte wunderschöne Kleider;
Und was er machte saß.
Er stieg auf eine Leiter
und nahm genau das Maß.

Der weiſe Schuhu.

Der Schuhu hörte ſtets
mit Ruh,
wenn zwei ſich diſputirten,
zu. —
Mal ſtritten ſich der Storch
und Rabe,
was Gott der Herr zuerſt
erſchaffen habe,
ob erſt den Vogel
oder erſt
das Ei.

„Den Vogel! — ſchrie der Storch —
das iſt ſo klar wie Brei!"
Der Rabe krächzt: „Das Ei, wobei
ich bleibe;
wers nicht begreift, hat kein Gehirn
im Leibe!"

Da fingen an zu quacken
zwei Frösch in grünen
Jacken.

Der eine quackt: „Der Storch hat recht!"
Der zweite quackt: „Der Rab
hat recht!"

„Was? — schrien die beiden
Disputaxe —
Was ist das da für ein
Gequackse??" —

Der Streit
erlosch. —

Ein jeder nimmt sich
seinen Frosch,
der schmeckt ihm gar nicht
schlecht.

„Ja — denkt der Schuhu —
so bin ich!

Der Weise schweigt
und räuspert sich!"

www.ingramcontent.com/pod-product-compliance
Lightning Source LLC
Chambersburg PA
CBHW031816090426
42739CB00008B/1299